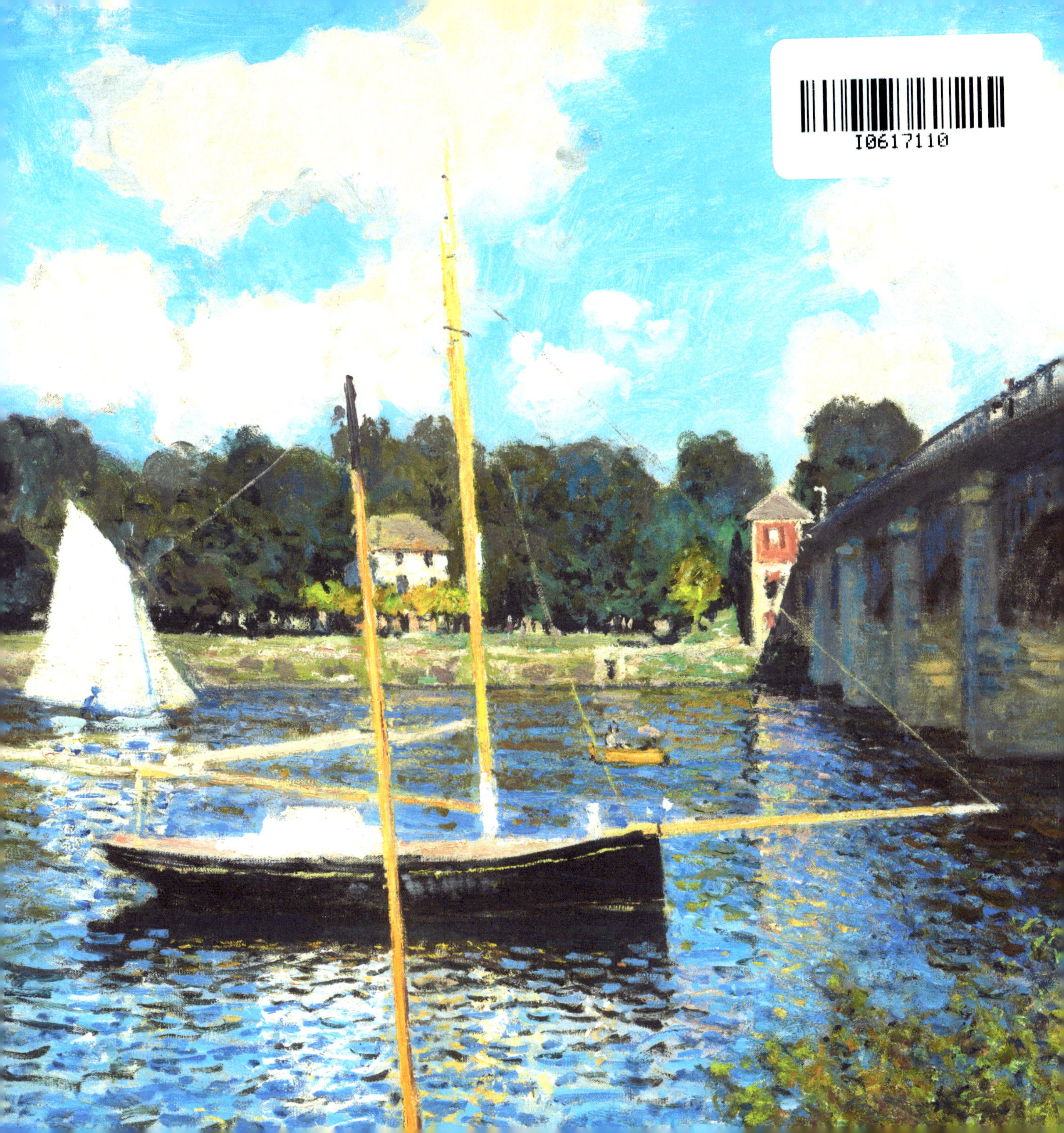

I0617110

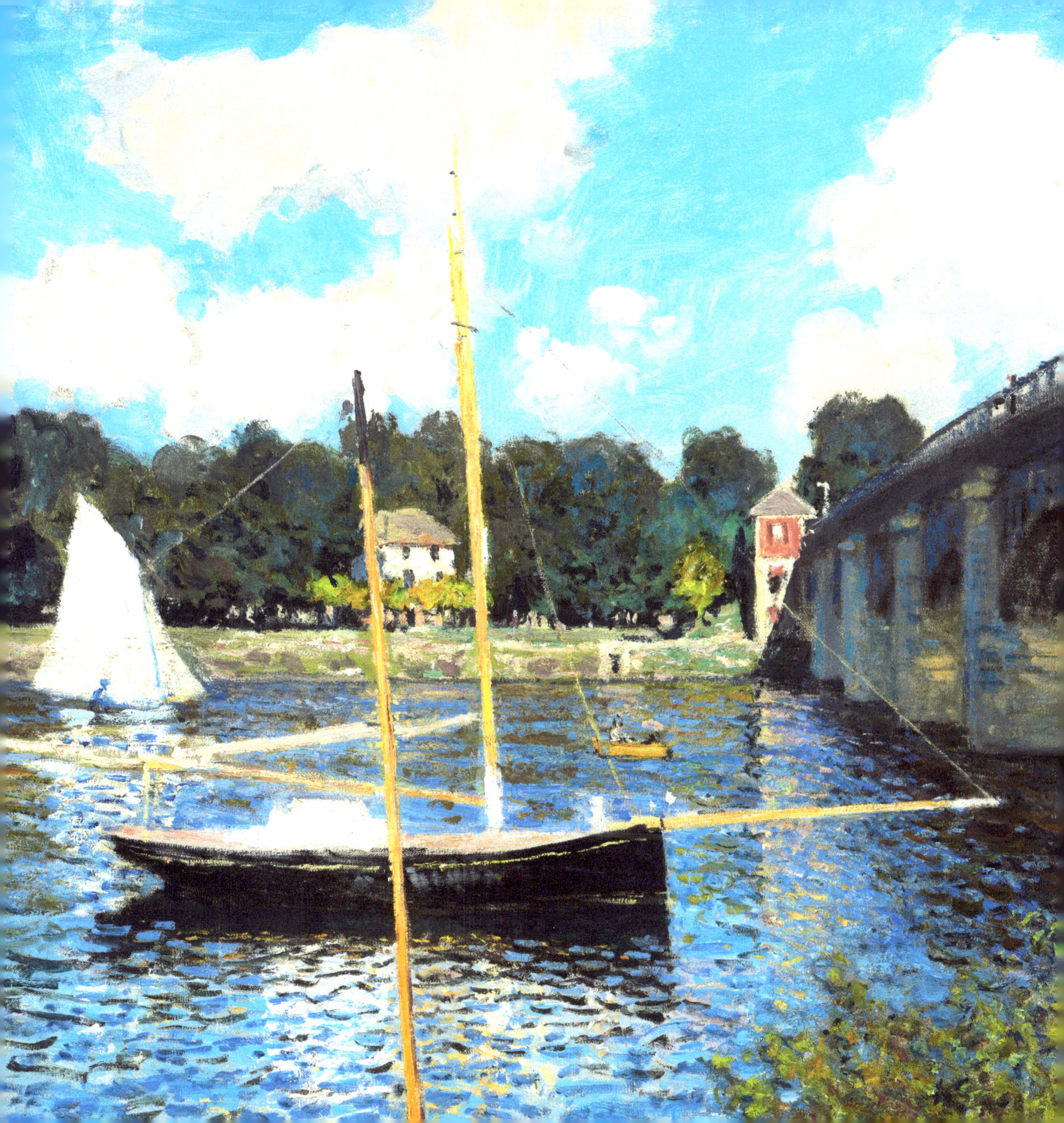

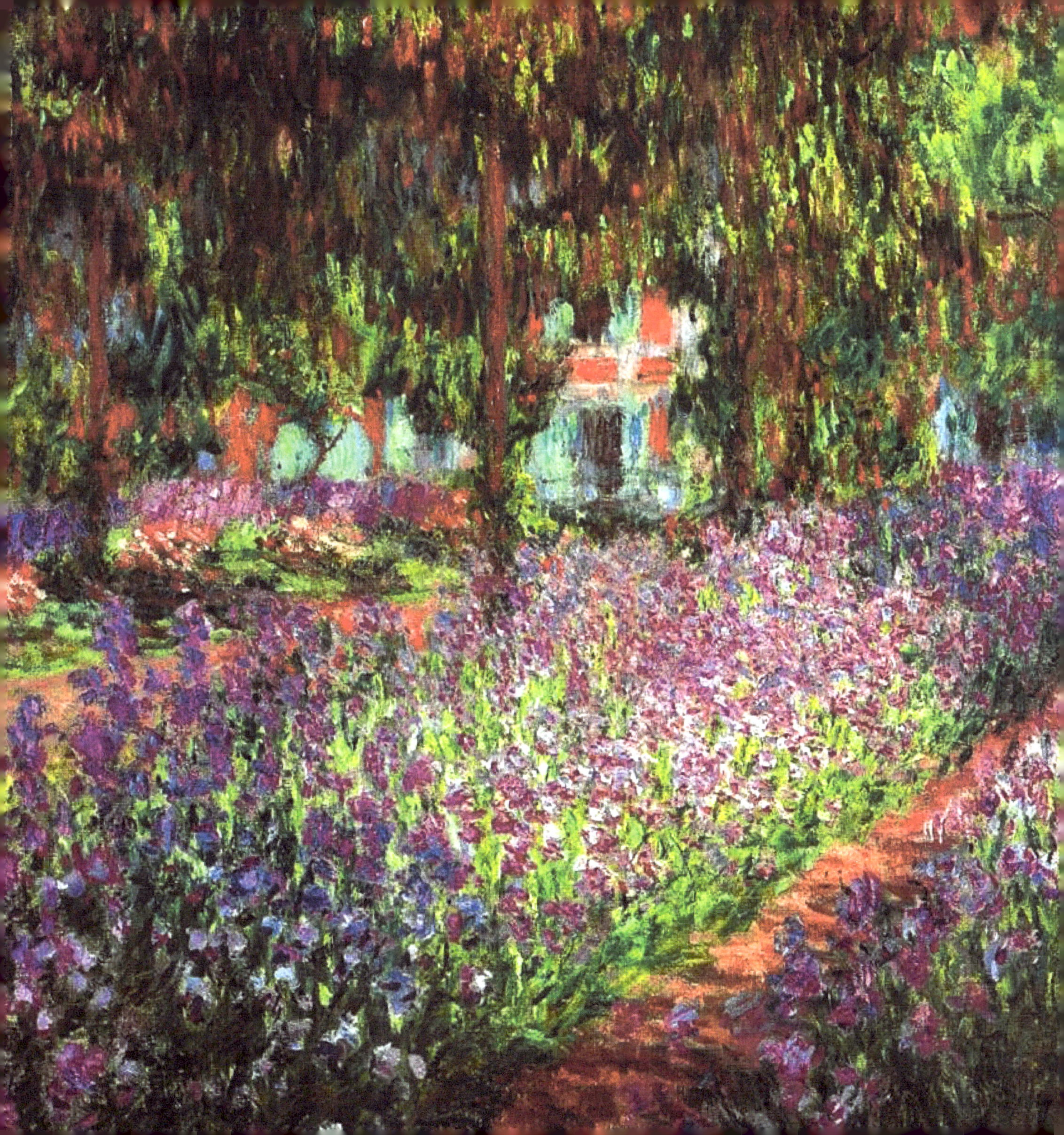

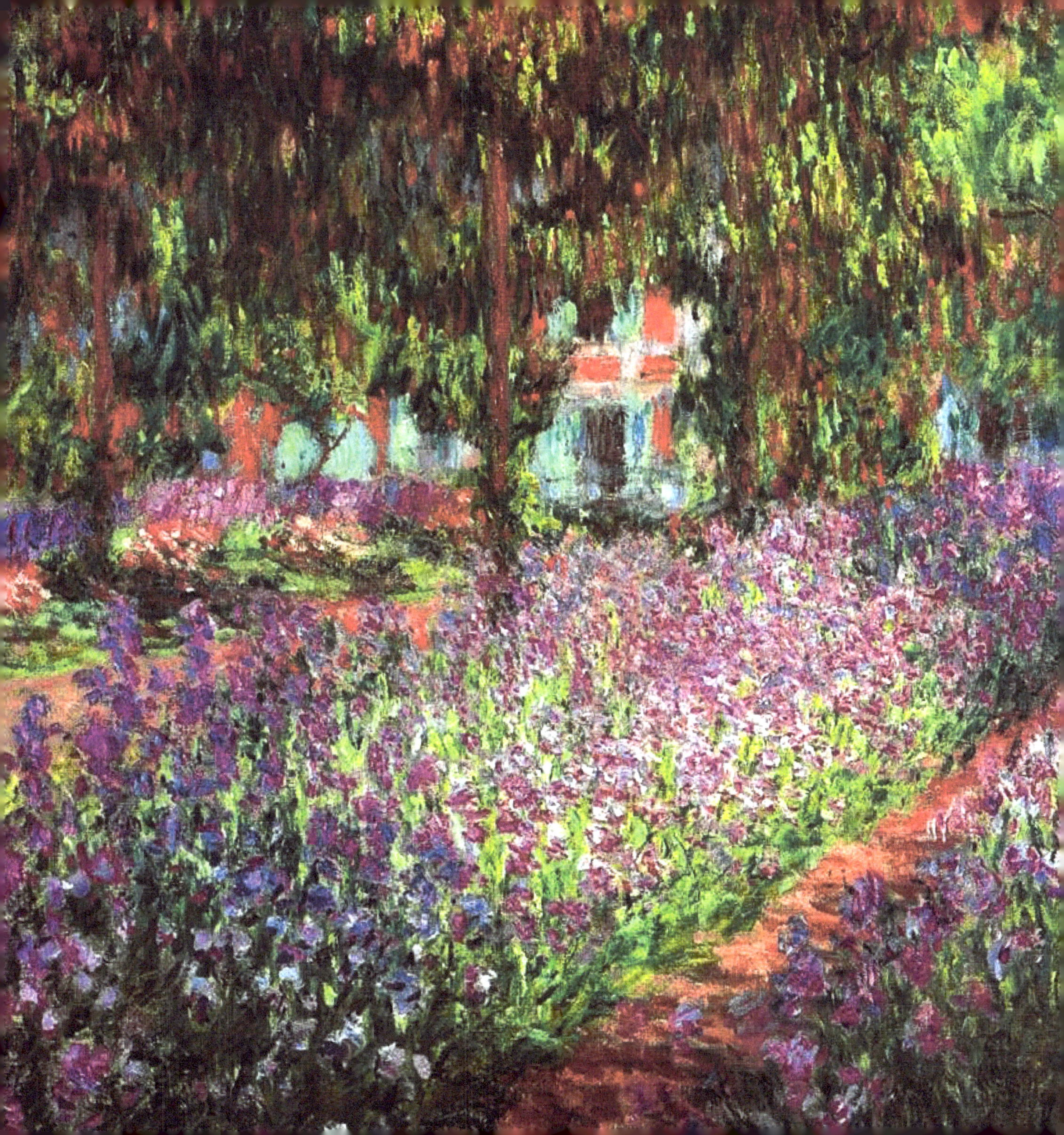

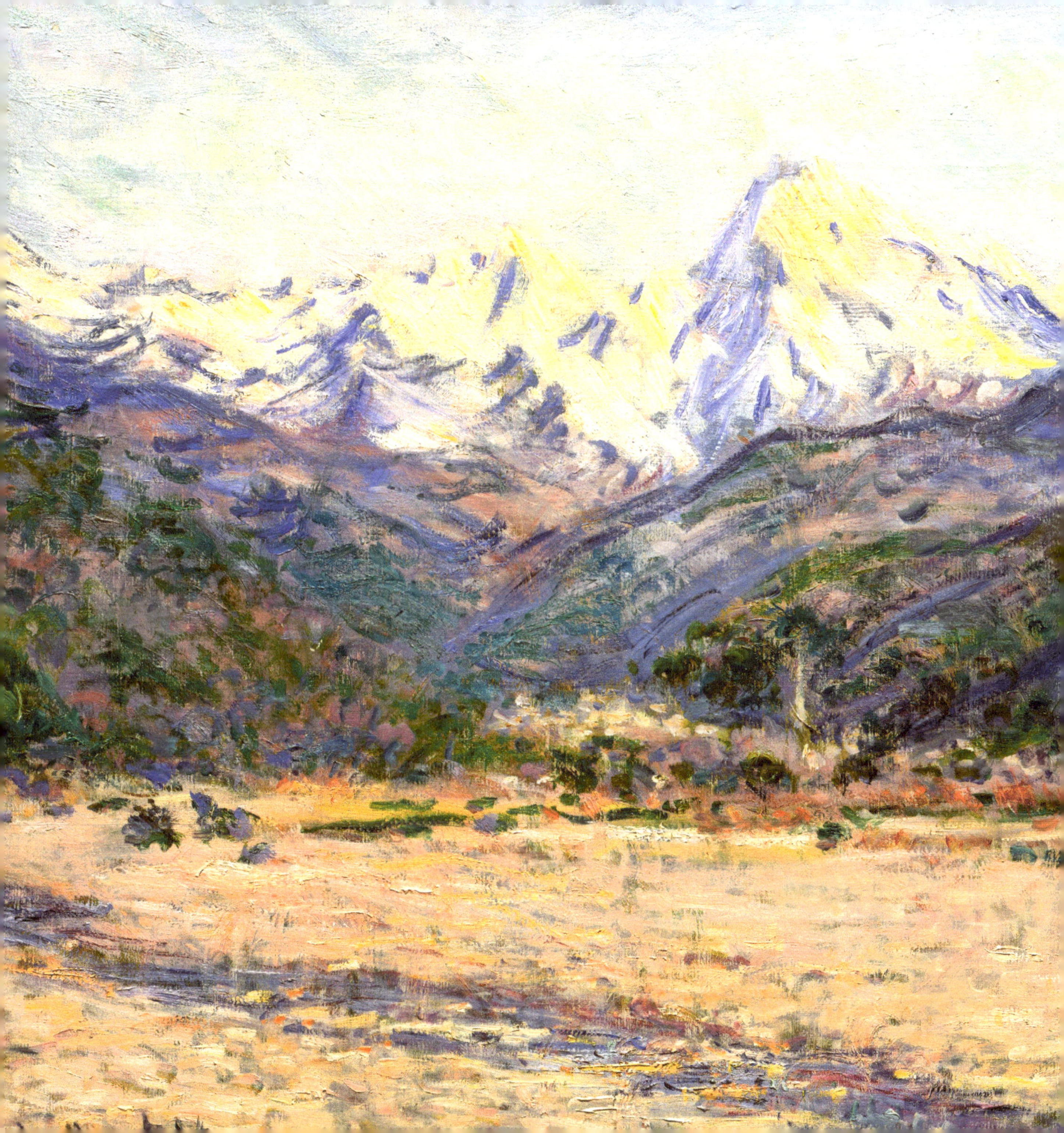

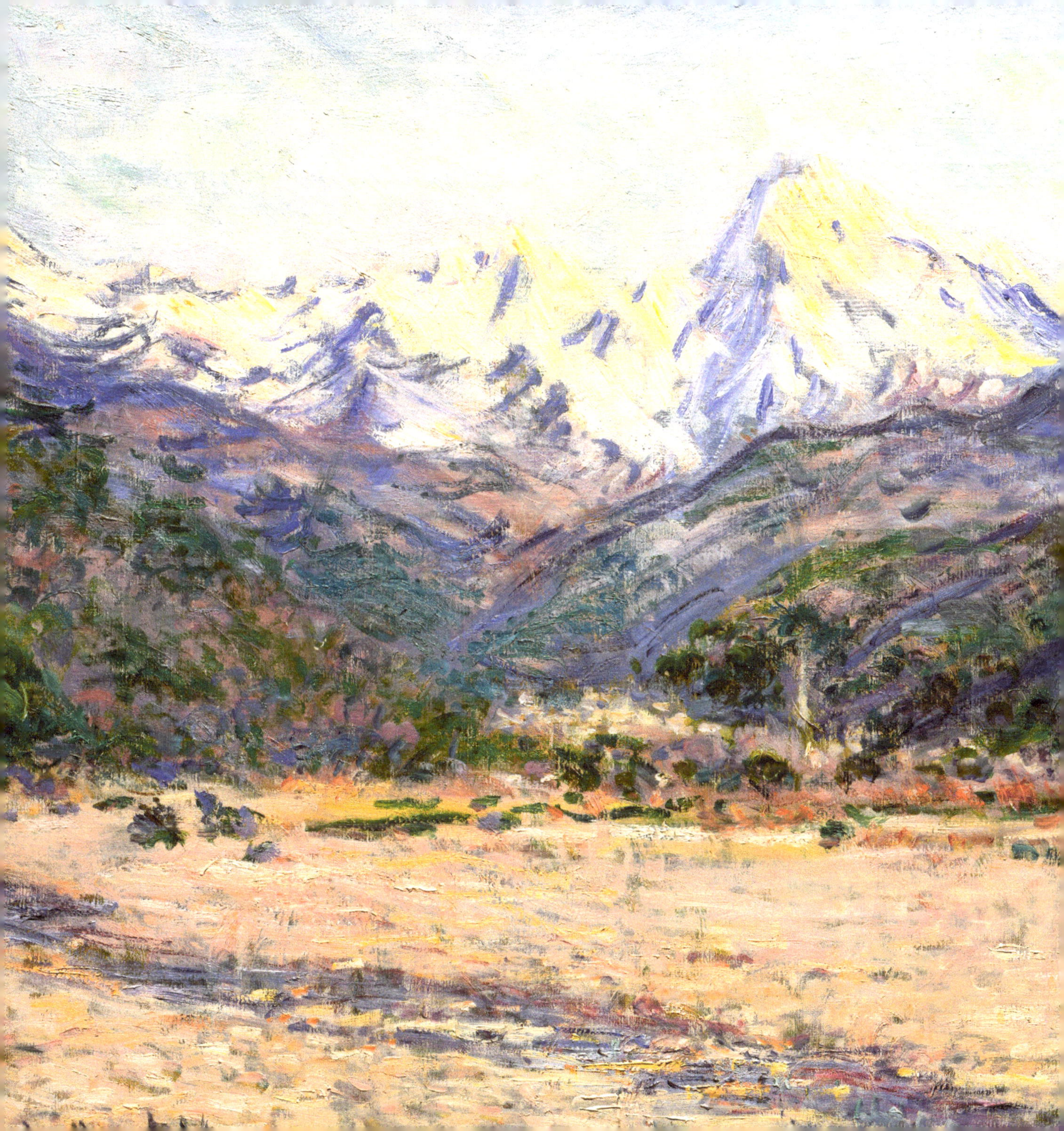

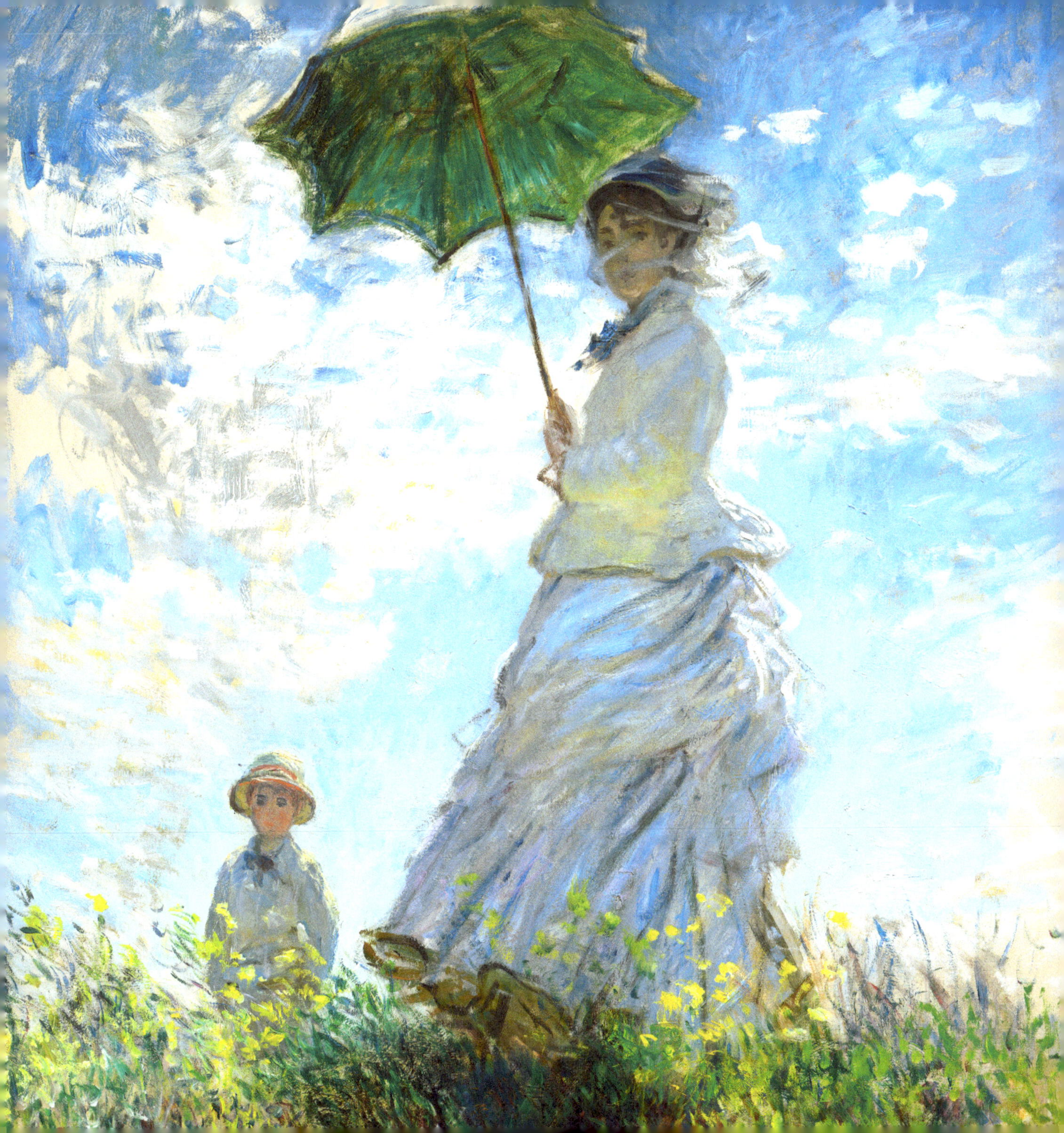

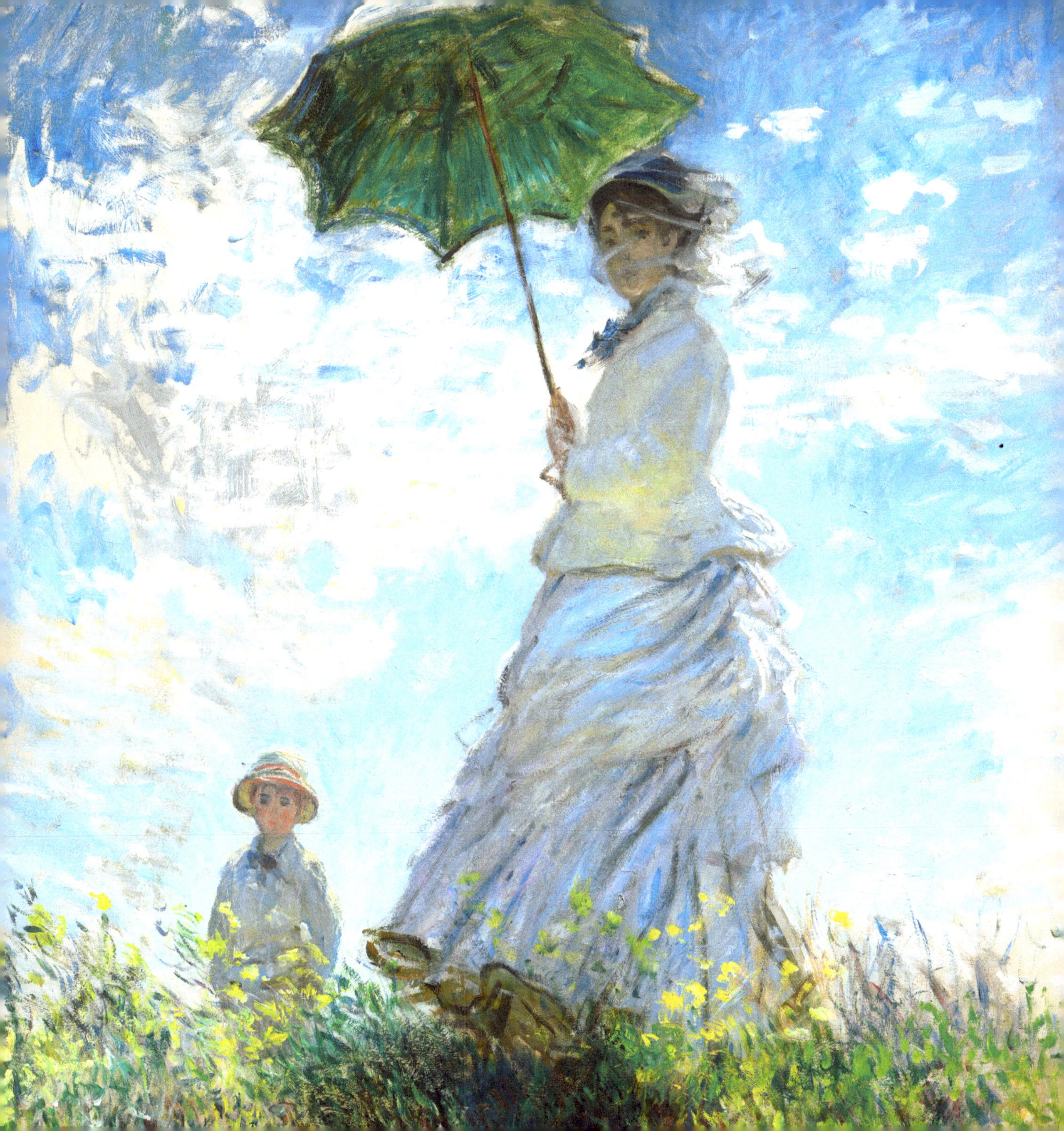

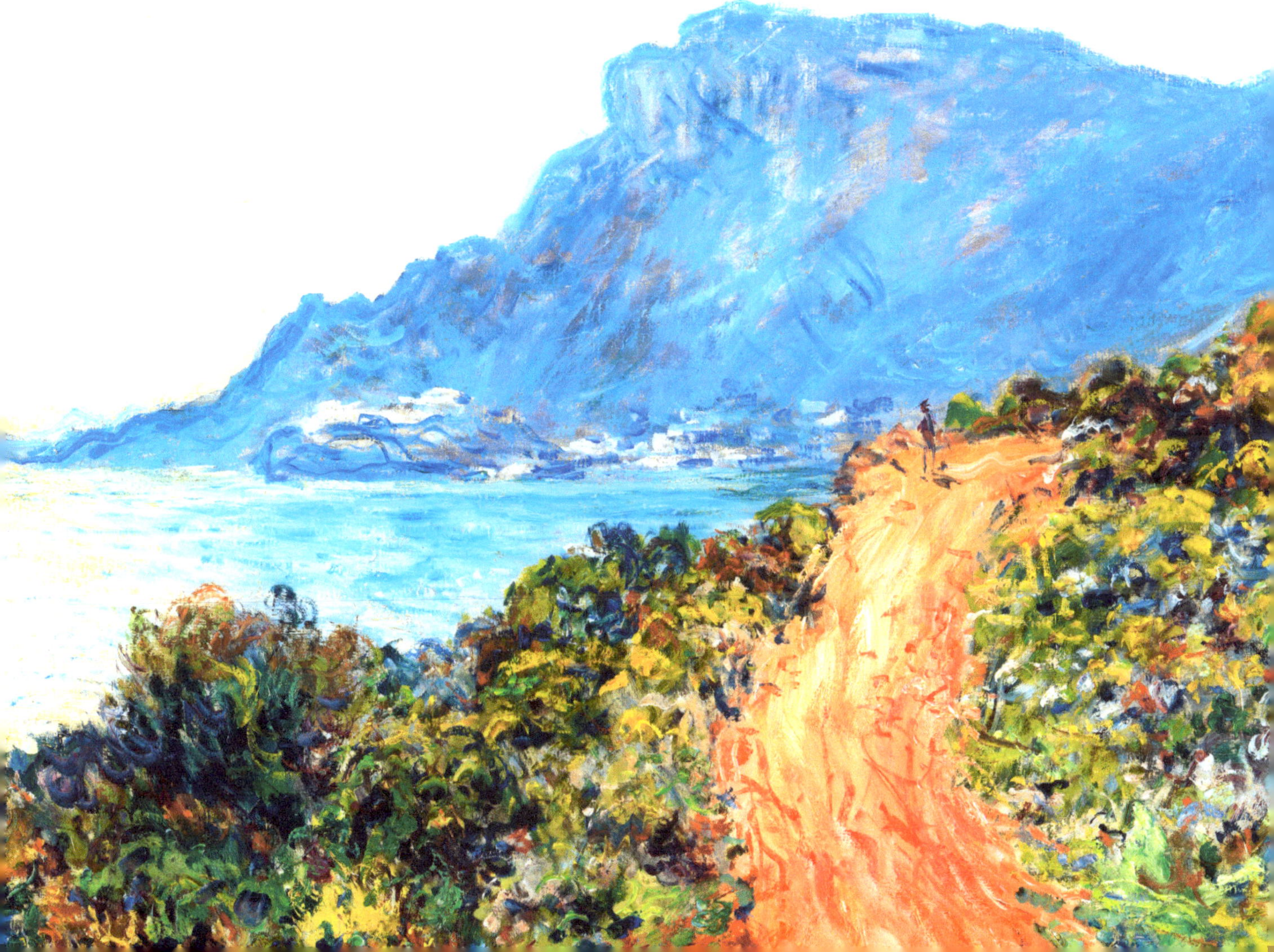

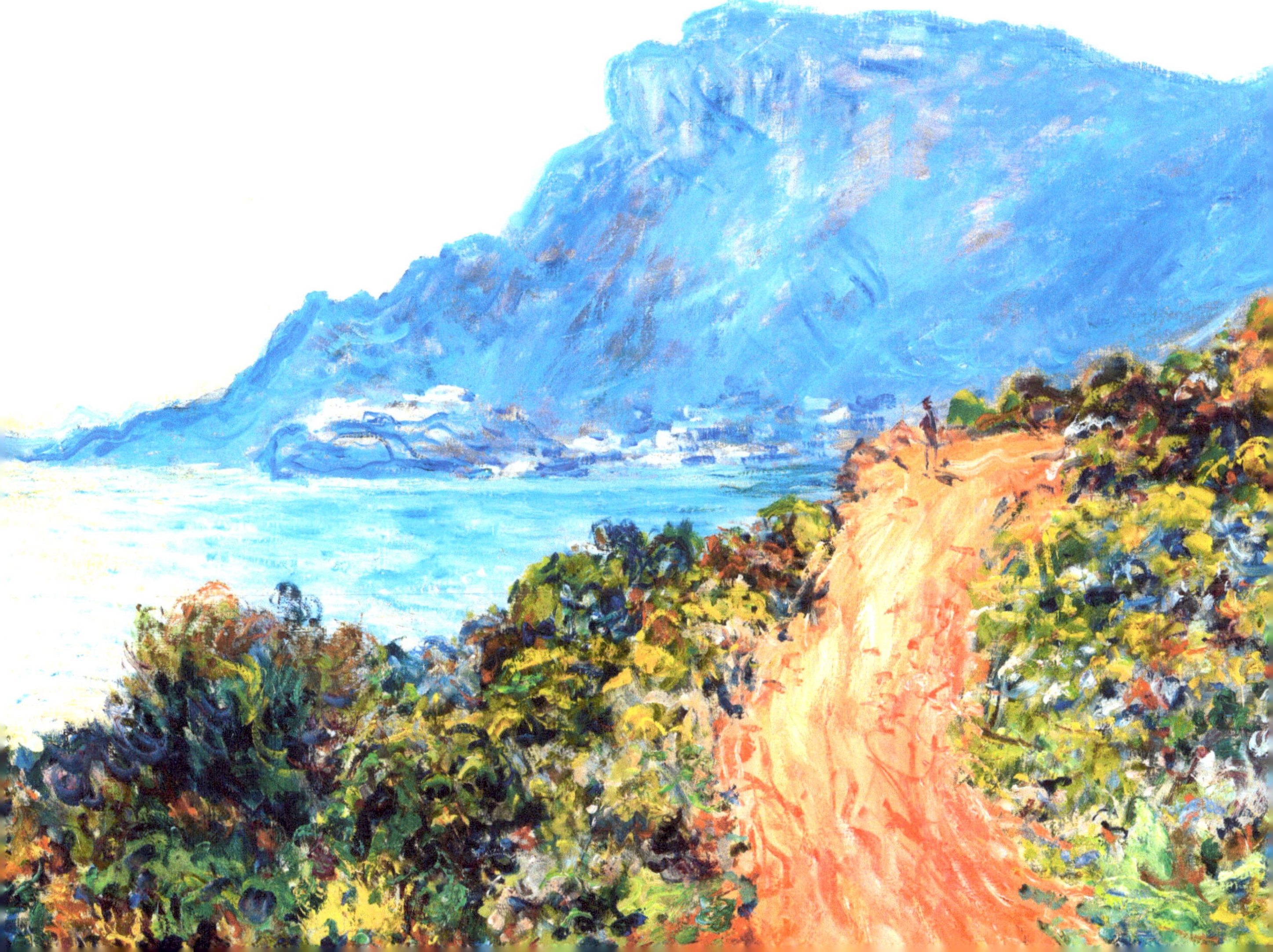

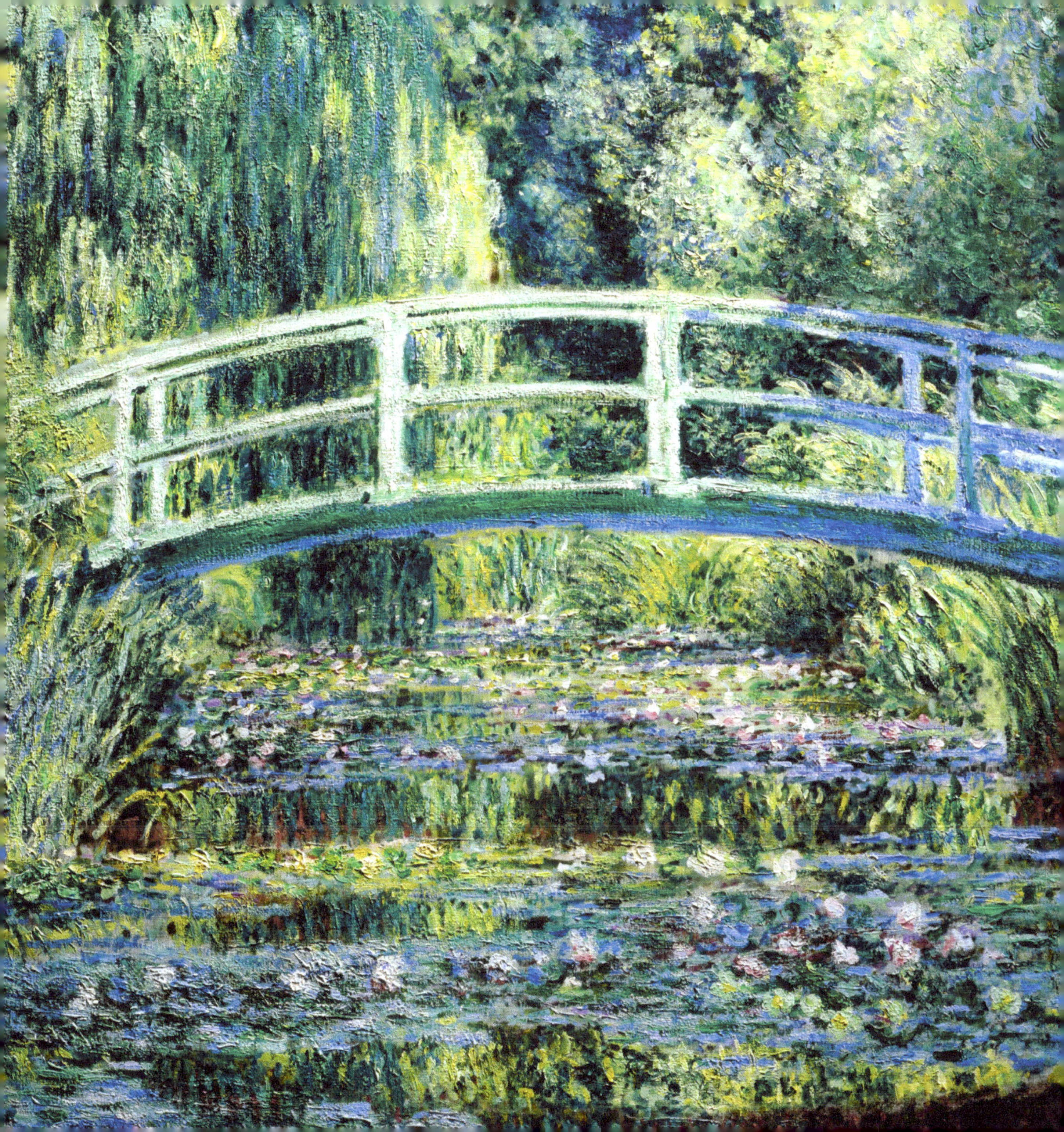

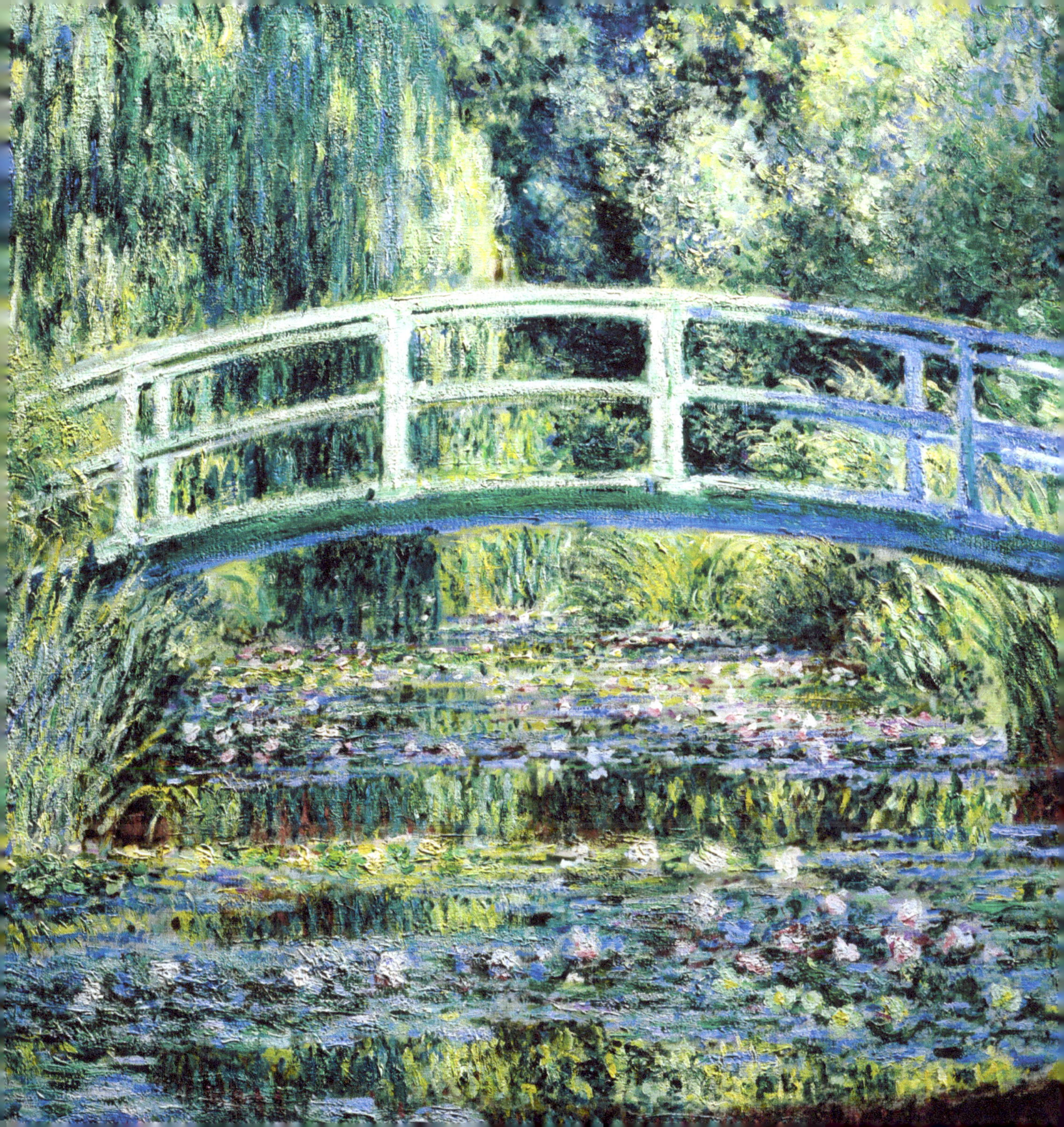

www.ingramcontent.com/pod-product-compliance
Lightning Source LLC
Chambersburg PA
CBHW041621120626
46551CB00003B/529
9781953987327